JN440721

숨어 우는 별

숨어 우는 별

이원문 시집

책나무출판사

목차

1부

2부

3부

4부

• 1부 •

낙엽의 그날

어쩌면 저리 힘 없이
그렇게 놓고 놓쳐야 하는지
바람이 몰면 모는 대로 이리 저리 굴러야 하고
하늘을 보나 엎어지나 마지막일 것인데
그래도 굴리면 굴러야 하는 운명

모아 쌓으면 쌓는 대로는 안 쌓일까
그러다 헤치면 또 다시 굴러야 하고
끝은 어디인가 그 여름 어디 갔나
찬 서리에 매듭 짓고 다음 찾아 가는 길
눈 내려 쌓이면 바람 불어 추울 것인데

고향 집

고향 집의 그날들
초가의 먼 옛날 그리움으로 밀려 오고
늦가을 이맘때면 더 생각난다
뒤란 텃밭에 배추 퍼런청의 무 굵었던 대파
우물둥치 물동이에 떨어진 낙엽들
바람이라도 불면 왜 그리 추웠던지
쓸쓸하니 마음 또한 시려웠고

반쯤 털린 감나무 잎새 다 떨어지면
그때에는 초겨울에 걱정부터 앞섰던 날
마당에 구르는 낙엽 보며 얼마나 쓸쓸했나
늦은 부엌의 어머니 저녁 준비에 바빴고
굴뚝 모퉁이로 돌아가면 쟁기에 호미 가래
갓 걸어 놓은 연장에 거미줄 치지 않겠나
마루 끝 봉당에 그날에 낙엽 굴러 오늘도 쌓인다

먼 사랑

낙엽만 우수수
가깝고도 먼 옛날
낙엽 따라 나뒹굴고
그 사랑 찾아 떠나는 길
바람 쓸쓸히 뒤 돌아본다

배추밭 길

이제 늦가을 이 가을도 끝무리로구나
앞산 단풍도 지워져가고
마지막 꽃 들국화는 춥지나 않은지
그래도 때 되면 이 밭둑에 피어나니

가을 끝무리의 우리 집 배추밭
저 많은 것은 이웃집의 것이고
귀퉁이로 조금인 것은 기와집의 것인데
두 노인네 저만큼이면 겨울 양식 되겠지

우리 집 것은 어떻고
반쯤 실한 것은 배추 장수에게 맡기고
나머지는 김장 해야 하는 배추가 아닌가
배추 장수에게 맡기는 배추 제 값이나 받을런지

제값 받고 팔아야 돈 만들어 쓸 것인데 제값을 받을까
말복 무렵 씨 넣어 그렇게 가꾸어 온 배추
가뭄에 물 주느라 식구들이 얼마나 고생했나
배추에 떨어진 낙엽들 또 한 세월 가는구나

슬픔의 가을

낙엽의 이 창가
여기가 어디인가요
돌아 갈 수만 있다면
다시 가고 싶어요

아롱진 그 옛날에
구겨진 이 오늘
저 낙엽의 그 운명과
무엇이 다른가요

길 떠나는 철새 처럼
다시 돌아 가고 싶어요
이 눈물로 씻는 운명
그날 찾아 가고 싶어요

벼 이삭의 달

첫닭 울음의 먼동
새벽녘 둥근달 감나무 위에 걸치고
지붕 위 된내기 하얗게 덮는다
오늘은 어디로 어느 곳을 찾을까
그 논둑 길 들어서면 들국화도 피었을텐데

물논은 발시렵고 마른논에나 좀 가볼까
그제 어제 주운 것 하고 오늘 내일 주우면
쌀 됫박이나 나올런지
새벽녘 추운 마루 냉기에 더 차갑고
달빛에 기러기 서산으로 멀어진다

인생의 가을

돌아보면 아무것도
아무것도 아닌데
어디에 채우겠다
그 욕심을 부렸는지

모두를 놓아야 할 때
채우려 하니 시간이 있나
얻으려 하니 힘이 있나
내 것도 아니 될 것에 여기에 오기를

돌아보는 길목에 잃어버린 날만
바라보는 저 허공에 무엇이 놓이던가
단풍이 읽어 주고 낙엽이 헤아린 날
나뭇가지 놓친 낙엽 허공을 맴돈다

커피의 창

이 생각 저 생각
하얀 날에 낙엽 우수수
낙엽은 가까운데
옛날은 그리 멀어져만 가는지

든 이 커피 식으면
그날도 식어 갈까
희미 하다 뚜렸하고
다시 어렴풋하니 희미하고

이 커피잔 처럼
그런 소중했던 날
커피 잔에 녹는 그날
행복의 그날도 있었건만

마음은 안 그런데
그날은 이리 식어만 가는지
그래도 뚜렸한 기억 하나
어쩌다 없던 기억 뚜렸이 떠 오른다

뒷산길의 낙엽

이렇게 많이 떨어질 수가
여름 한때에 빗물에 패였던 길
수북히 쌓여 길이 안 보이고
발로 긁어 모아도 흙이 안 보인다

소나무 밑 밑둥 언저리에 노란 솔까래
꽃장가리는 여기 저기 얼마나 많은가
바람이 모은 자리 그 자리에 더 수북한 낙엽들
밟히는 낙엽 소리 쌓일 눈에 그 추운 겨울일까

고향 굴뚝의 저녁연기 눈앞에 스쳐가고
아랫목에 묻어 놓은 따뜻한 밥 한 그릇
누가 아는 그 겨울의 그 밥그릇인가
저녁 군불의 아궁이 안 된장찌게 끓는다

고향의 그날

늦가을에 낙엽 우수수
반쯤 털린 나뭇가지
며칠 있어 다 털릴까
비 한 두차례에 바람 불면
그나마 붙은 잎 다 털릴 것인데

쓸쓸하기 그지없던 고향
논 바닥에 물 볏단
둑으로 건져 올려야 하고
말림에 펴 널어놓으니
비 한 차례 또 내린다

늦 타작에 싹 트이면
싸라기 방아가 될 것인데
하늘 올려 보며 구름 걷히기를
소원 아닌 소원이 되던 날
저녁 나절 바람 감나무 잎 털어 댄다

그렇게 춥고 쓸쓸하던 날
밭 일에 무 배추 그것은 그냥 둘까

곁들인 논 밭일에 하루가 짧고
넘는 해에 바람 불어 쌓이는 낙엽까지
몸도 마음도 모두가 시려웠다

길 잃은 가을

운명의 다리 건너
세월 따라 흘러온 길
그 운명의 다리에 무엇이 놓였던가

버려야 할 지난 날에
두고 온 꽃 한 송이 뿐
그 꽃도 철 지나면 낙화 되겠지

돌아 갈수만 있다면
한 번쯤 생각해볼 듯함
알면서 되 돌아보는 길 바라보면 무엇 하나

억새 밭 너머
저 먼 산 흰 구름
길 잃고 넘는 산 찾아 갈 곳은 있는지

성터의 밤

그날들이 스치는 밤
읽을 수록 잊은 날 잃어도 찾아 들고
기억이 버린 그림 눈물에 얼룩진다

마주 보며 걷던 성터
성밖 멀리 그 억새꽃 아직도 눕는지
그리 하얗게 오늘 밤 처럼 하얗던 날

불어 오는 바람 안고
성 끝까지 걸어도 짧기만 했던 길
달빛 아래 속삭였던 약속의 밤인가

이제 잊어야만 하는
하얀 날에 바람 부는 억새꽃의 밤
가버린 날에 억새꽃 달빛에 어린다

먼 산의 가을

단풍이 그린 그림 낙엽이 마감 짓고
남은 잎 하나 둘 그 시간을 읽는다
바라보는 산봉우리에 머무는 그날들
저 산봉우리 못 넘고 무엇을 기다리나
기러기 날아 오면 함께 넘으려 하는지
넋 잃고 바라보는 산 위 허공에 허무하다

때 되면 그렇게 오고 가는 것
단풍의 그림 처럼 그날은 안 지워질까
그림 안의 그날들 어디에서 무엇 했나
하나 둘 꺼내는 기억마다 허공을 맴돌고
가마득히 잃었던 날 나뭇가지에 걸치는 듯
넋 잃고 바라보는 마음 구름 따라 산 넘는다

인연의 약속

처음의 눈빛에 서로 끌리던 날
우리 그 눈빛 안이 모두였었지
오랜 만남 처럼 다 읽어주었고
어쩌다 오고 가며 마주친 순간
서로 쭈삣 쭈삣 늦추는 발 걸음에
누가 먼저 어떻게 무슨 말을 했나

아직 잊지 못하는 그 마주친 자리
내 모습이 어떠했나 괜스레 부끄럽고
다음에 만나 주면 무슨 말을 할까
편지 한 장 띄운다면 어떻게 받아 줄까
고민 끝에 언어 연습 설레이는 밤
저울 없는 입 무게에 밤새워 걱정했다

억새꽃의 기억

은빛 물결의 억새밭
하얀히 하얀 그림 바람에 눕고
바라보는 이 마음 억새밭에 젖어든다

한숨에 보는 억새밭
담을 바람 얼마쯤 더 불어올까
긴 한숨으로 담아 보는 억새밭의 바람

꽃 송이에 스친 바람
가슴에 담는다면 다 담어질까
억새꽃에 숨은 바람 모두 담고 싶어라

무엇 찾아 억새꽃을
바라보는 억새밭 그늘져 오고
하얀 기억 하나 둘 눈가에서 지워진다

그리운 일기

잃은 기억도 아니고
싫어 버린 시간도 아니다
그저 작은 시간에 되 살아나는 날

싫다면 버려질까
잃는다면 잃어질까
잊어도 하나 둘 다시 떠 오르고

좋았던 날 싫은 시간들
오늘을 만든 그날들일까
구르는 낙엽 따라 어느 곳에 쌓일까

떨어지는 낙엽처럼
나뭇가지에 매달렸던 날
바람이 굴리는 대로 이 시간을 읽어준다

운명의 밤

눈물과 웃음이 오고 간 세월
무엇이 인생이고 운명이라 했나
처음 따라 딛어온 길 그 처음 안 보이고
바꿔지 않는 이 나의 길 그마저 저물어간다

겨울 문턱

구부러진 억새꽃 송이
단풍도 흐지부지 낙엽으로 떨어지고
그래도 남은 낙엽
차가운 바람이 밤 낮으로 털어 댄다

떨어진 낙엽들
어느 바람이 어떻게 어디로 굴려 갈까
울어 대는 낙엽인 듯
땅바닥 긁는 소리에 방향도 없고

단풍 털린 가지일까
몇개 남은 단풍잎 어떻게 하나
그마저 놓쳐지면
첫눈에 춥고 쌓일 눈에 얼어붙을 것인데

떠나는 가을

이리 쉽게 가는 것을
덥다 하는 한여름 살짝이 식히더니
때 맞춤의 씨앗 따가운 볕으로 영글리고
메뚜기 참새 떼의 그 들녘
하늘도 더 높이 새털구름 아름다워라
이제 그만 아침 저녁으로 찬 바람 몰고와
나뭇잎 물들여 단풍 구경 시켰다

그 다음 차례에 떨어지는 낙엽들
가을비 서너 번에 그리 쉽게 떨어질 줄이야
깊어 간 늦가을이 남겨야 할 흔적일까
보이는 곳마다 죽어가는 푸서리들
먼 산 꼭데기에 드러나는 나뭇가지
구름도 낮은 구름으로 뿌연히 뭉쳐 놓고
구르는 낙엽 모아 파란 꿈 지운다

산마루의 가을

드러난 들녘의 참새 떼 다 어디 갔나
떼 지어 날던 참새 떼의 들녘이었는데
하늘 높아라 새털 구름으로 수 놓았고
내려 보던 저 들녘 그날 안겨 준 저 들녘
많은 생각 깊은 마음 그 옛날인가

깊어 간 가을도 가을 끝자락의 지금도
이제 이 가을도 낙엽으로 마감 짓고
나뭇가지 앙상하니 허공에 쓸쓸함
겨울 바람 불어오면 얼마나 더 추울까
산마루의 찬 바람 고향으로 데려간다

• 2부 •

낙엽의 그리움

파란 여름의 그 꿈도
아름답던 단풍도
봄은 오늘을 알고 내보냈는지
한때는 숲으로 가을이라 하는 단풍으로
아름답고 곱다 하던 날 모두 잃어버리고
낙엽이라는 이름으로 그렇게 땅바닥에 쌓여야 하나

짝 지은 산새 둥지 틀던 곳
흘러가는 구름 쉬어 가던 곳
이제는 앙상한 나뭇가지만
다음 없이 쌓인 낙엽 한 번쯤 나뭇가지 위 올려 보는지
쌓일 눈에 바람 몰아치면 그것으로 끝
더 무엇을 기다릴까 한여름에 묻었던 꿈 눈이 덮을 것인데

기러기의 하늘

높다란 가을 하늘
저리 높이 어디로 가는지
줄지어 나는 하늘
여운의 길 남긴다

앞서거니 뒷서거니
높고 낮은 저 울음
바라보는 이 마음
이 마음도 따라간다

보따리 인연

이 언덕에 앉은 운명
어느 집에 묶어갈까
굽어 보이는 저 먼 곳
가야 할 길 더 멀고
보따리에 얹는 손
눈물에 얼룩진다

찾은 집에 물 한 모금
한 집 건너 문전박대
기댈 곳 없는 이 나의 몸
누가 나를 잡아줄까
찾아간 외딴집
보따리 빼앗아 받아 든다

겨울맞이

보내고 오는 계절
이제 추울 날만 더 무슨 꽃이 피겠나
며칠 사이의 늦가을 이 가을도 떠나고
빈 자리의 나뭇가지 나뭇가지도 비워간다

찾아 오고 가는 계절
계절이 바뀔 때면 왜 이리 쓸쓸한지
가을과 겨울은 더욱더 그렇고
마음도 이 계절이면 입은 옷에 춥다

달력으로도 느낌으로도 이제는 겨울
더 깊어 바람 불면 얼마나 추울까
추워도 눈 내리면 눈 소복이 포근함
떠나는 가을 밟히는 낙엽에 아쉽기만 하다

마음의 양지

읽을 수는 있어도
잴 수 없는 그 세월
비추어 보기라도
무엇으로 비출까

먼 생각 깊은 마음
하늘에 올려 있고
바라보는 먼 하늘
흰 구름 흘러간다

추운 날

꽃동네의 그 봄도
파란 들녘의 여름도
어떻게 하다 놓친 시간
가을도 흐지부지 늦가을로 보내고
곱다 하는 그 단풍 문 앞에서 구경 했다

찾아온 이 겨울
그리 성큼 다가오는지
눈 쌓이고 바람 불어오면
쌓인 눈에 더 내리는 눈 얼마나 추울까
마음만 옛날 그렇지 못한 몸 걱정이 된다

고향 언덕

창 너머의 저 먼 곳
마음이 바라보는 고향의 언덕일까
달려간 고향 언덕에 비둘기 울고
옛 생각에 젖어 그날을 떠올린다

창 너머의 고향 그림
무엇을 잊고 빼놓을 수 있겠나
이 생각에 이런 그림 저 생각에 저런 그림
초가 뒷산 언덕에 철새 날아들었고

이제는 마음으로만
세월이 버리고 덮어버린 날
겨울이면 그 저녁연기에 더 그립고
까치 짖음에 어머니 외갓집 쪽 바라본다

외로운 겨울

나뭇가지의 허공 바람에 춥고
바라보는 먼 하늘 구름 흘러간다

바람 불어와 창문 흔들리는 소리
고요히 홀로의 창 이 마음도 흔들릴까

나 어느 곳 바라보며 무슨 생각을 하는지
나도 모를 이 빈 마음 나뭇가지에 걸쳐지고

까닭에 눈물만 나 어디에 와있나
접히고 접어야 할 무엇인지 모를 마음

넋 빼앗긴 창가에 낙엽 날아와 부딪치고
허공의 나뭇가지 양지 잃고 떨고 있다

첫눈의 기억

발자국 살짝이 첫눈 내리던 날
올려 보는 하늘 눈으로 가득 차 있고
뺨에는 내린 눈이 녹아 흘러 내렸다
따라오는 발자국 나 어디쯤에
그 첫눈 밟는 길 아무도 없고
뒤 돌아 보아도 아무도 없었다

아무도 없는 첫눈의 하얀 길
누가 끝까지 이 길을 나와 함께
행여 기다리는 마음 하늘에 올릴까
가까워도 더 남은 듯 아쉬웠던 길
함박눈 소복이 많이 내리는 날
닿을 인연 만나 함께 걷고 싶었다

인생의 꽃

아름다워라 대자연의 모든 것
순리에 따르는 세상의 모든 것

세상의 꽃이 아름다운 꽃만 있겠나
사람의 꽃도 보는 눈에 따라 다르다

그 마음은 뿌리와 같아 욕심으로 가득차 있고
양심은 바람에 흔들리는 줄기 잎의 춤과 같다

추함과 아름다움으로 나뉘어지는 꽃
누가 그렇게 그 꽃들을 나누었던가

서로 바라보는 인생의 꽃도 그런 꽃이요
꽃이 바라보는 사람의 꽃은 차별이 없다

허공의 겨울

바라보면 아무것도
지난 날 실오라기만
눈시울에 가득 하고
붉어진 눈시울 이슬 흘러 내린다

눈 떼지 못해 보는 하늘
저 허공에 무엇이 있어
그날들을 모아야 했나

바람 불어 추워도
춥다 말 못하는 나뭇가지
그리움의 지난 날
이 눈 안에 넣는다

초가의 눈

밤 사이에 내린 눈
초가 지붕 하얀히
장독대 우물둥치
담 밑에도 수북하고
갓 지나간 쪽제비의 흔적인 듯

앞 마당 바깥 마당
누구의 흔적이 어디로 갈까
아침 햇살에 눈부신 들녘
뒷산 소나무에 솜 얹어 놓은 듯
온 세상 하얀 세상 눈으로 덥혔다

우물둥치의 우리 엄마
얼음 줄에 그 시려운 손
몇 번의 두레박질로 아침을 지을까
우리들 아침 먹여 학교 보낼새라
밥 그릇 싸움의 우리들을 말려주었다

그날의 겨울

춥기도 추웠던 날
따뜻한 양지 찾아 어디로 갈까
바라보는 흩겹데기의 하늘 구름 들어오고
가혹한 찬 바람 옷 속에 스몄다

시렵던 날 추웠던 날
허기에 누더기의 별 얼마 있어 지워질까
저녁연기가 알리는 김치 죽 한 그릇
쌀 항아리의 겨울 밤 더 깊어 갔다

외로운 섬

바라보는 먼 섬 파도 소리 차갑고
추운 외로움 한없이 밀려온다
겨울 바다의 저 외로운 섬 누가 찾을까
먼 바다의 그리움 하염 없어라
파도에 얹는 날 갈매기 울음에 섞인다

고향 바다의 외로운 섬
누구의 발자국이라도 한 번쯤
철썩이는 파도 소리 변함 없어라
썰물에 드러난 섬 누구의 고향일까
굴바구니 인 어머니 오늘도 부른다

나뭇가지의 그날

흘러간 세월이 몰고 간 그날
아련히 가물 가물 어느 날을 잊을까
돌아보면 아무것도 버려야 할 시간이 건만
그저 못 잊고 허공 멀리 가늘어진다

이런 날에 저런 날 울고 웃어야 했던 날
떠 오르는 날일 수록 아픈 날이 더 가까이 다가오는지
운명이라면 운명일까 이것이 운명인가
커피 잔에 섞이는 그날 지워지지 않는다

등잔의 겨울

달걀 꾸러미 들고 석유 받아 오던 날
큰 병으로 한 병 가득 불 심지 올려도 되겠지
그러면 화롯불 앞 고구마 깎기도 좋고
연필은 안 그런가 공책 잘 보여 좋고
불 밝아 우리 엄마 바느질 하기 좋고

그 며칠 석유 아끼느라 이내 어두웠는데
오늘 밤은 밝은 불에 얼마나 좋을까
호야등불은 제삿날이나 밝히는 불이고
더듬 더듬 어두운 겨울 밤
무엇이 보이고 안 보일까

그래도 엄마의 사랑은 어두워도 잘 보였고
우리들의 투정은 더 캄캄히 어두워지지만 않았나
울 뒤 부엉이는 왜 그리 울어 대는지
불 끄면 고요히 더 깊어 가는 밤
천정 속 쥐의 놀이는 깊은 밤이 아니었다

12월의 마음

그렇게 흘러간 세월
만 가지의 기억 나뭇가지에 걸쳐지고
외로운 이 마음 커피 잔에 젖어 든다
남긴 것도 남을 것도 그저 무덤덤히 걸어온 길
한숨의 이 한 해에 무엇을 남겼나

어쩌다 허겁지겁 하루 한 달이 또 일 년
갈수록 짧은 길 이 나만의 일 년인가
나는 그리워도 끊기는 소식들
나 또한 누구에게 어느 곳으로 연락 할까
득 없으면 싫은 세상 홀로의 길 외롭다

메아리의 밤

연탄불 아궁이에 따뜻한 아랫목
윗목은 추워도 아랫목은 따뜻했다
부엌 하나 방 하나 스레트집의 월세 방
곤로불에 밥 짓고 연탄불에 국 끓이고
다녀온 공장 일에 얼마나 피곤 했나

고단한 몸에 누운 자리 깊어 가는 밤
눈꺼플 내려올 무렵이면 더 깊어 가고
겨울밤 메아리에 찹쌀 떡 메밀 묵
집 가까이 들리는 듯 더 멀어져 가는 밤
긴 하품에 눈 감으면 가느란히 끊겨 갔다

친구의 겨울

친구야~
친구야 또 그런 겨울이 오나 봐
바람 불고 춥네 눈까지 내리고
싫기도 하고 좋기도 하고
그날을 생각 하면 괴롭기도 하고
이제는 먼 옛날로 그렇게 가버린 날

그 길기만 했던 날이 이리 짧을 수가
너와 나만의 그 겨울 누가 아는 겨울일까
우리 둘 아니면 말 할 수 있는 사람이 또 있을까
그래도 너와 나는 견뎌 냈지 그 추운 겨울을
바람이 깎아 대는 속 살의 그 아픔
무엇이 있어 입에 넣고 배불렀을까

아궁이 불에 손 녹이며 나무 지게 지던 날
그 오른 산에 바람은 왜 그리 불어 대는지
너무 많이 내린 눈에 청솔가지 찌었고
이 겨울도 저 겨울도 이제는 아픈 그림
너와 나의 그런 겨울이었을까
그때의 저녁 연기에 모두 싣어 올린다

• 3부 •

부엉이의 그날

울 뒤 부엉이 밤새워 울어 댈때
뜨락에 눈 소복이 달빛에 어렸지
등잔불 밑 아랫목 저녁 군불에 따뜻했고
화롯불 속 고구마 익어 가는 밤
어머니 콩나물 시루에 물 끼얹는 밤

윗목 문 바람에 걸레는 어떠했나
문밖 냉수 그릇 종이 얼음에 살짝이
어머니가 든 등불 따라 변소간(화장실)가노라면
앞 동네의 외딴 집 호롱불 가물 가물
고향 초가 부엉이의 그 겨울 다시 읽는다

하얀 길

바라보는 하얀 길 이 하얀 마음일까
외로운 발자국 함께 가자 따라 오고
돌아보면 아무도 홀로의 길 외롭다
뒤 따르는 발자국 어디로 가야 하나

주머니에 넣은 손 바람에 시려운 길
쓸쓸히 걷는 마음 그리움만 쌓이고
나만의 이 하얀 길 끝이 없는 나의 길
이제 그만 여기쯤서 머무르고 싶다

겨울 이야기

함박눈 내려 좋아 했던 날
하늘 높이 눈 꽃 송이 머리에 내려 앉고
온 세상 하얀 세상 이 마음도 하얗었지
굴려온 눈덩이 보름달 처럼 하얀히
아이들 처럼 좋아 했던 그런 날이었고

누가 나와 함께 눈사람을 만들을까
있다면 더 커다란히 큰 눈사람 만들고
그 다음 코 입은 내가 그려 넣어 줄까
몇 송이로 끝 되는 함박눈 멎는 하늘
남겨 놓은 눈덩이 둘만의 손 기다린다

그해의 겨울

눈보라 속의 어머니 우리 엄마
그 해에 많이 추우셨지요
오늘이 모르는 추웠던 그날이요
우물의 물 앞 개울 꽁꽁 얼어붙던 날
바람은 왜 그리 불어 대는지

빨래 한 다라이 이고
앞 개울 빨래터로 가는 어머니
울며 뒤 따르는 우리들
떼어 놓느라 등짝 두들겨 쫓아 보내고
어머니는 곧 바로 개울로 향하셨지요

부엌 아궁이 불 앞 우리들
무엇이라도 있나 솥뚜껑 여는 우리들
불 앞은 따뜻한데 배는 추웠고
등짝도 시려워 뒤 돌아 쬐었지요
그때쯤 개울가에서 돌아온 어머니

겨울이면 그것이 어머니의 몫인가요
너무 아픈 기억 너무 추운 기억

바지가랭이 눌리고 양말 태우던 날
그 쬐이던 불 아직도 타고 있어요
어머니의 등잔불은 밤 깊은 줄 모르고요

뒷산의 겨울

여름 한 철 그리 시원했던 언덕이었는데
바람 시원히 산 새들 머물렀던 곳이고
가을 되어 단풍으로 수놓았던 날
그 잠깐 눈 쌓인 언덕 누가 찾을까
소나무의 눈꽃 송이 흩날리는 언덕

나뭇가지의 허공 바람에 춥고
몇 번의 눈이 내려 더 많이 쌓일 언덕인가
노루 손님 토끼 손님 양지 찾아 가는 길
아직은 먼 봄 기다리기에 너무 먼 봄일까
뜨고 지는 해의 뒷산 언덕 나뭇가지의 하루 오늘도 짧다

12월의 그림자

아침 그릇 치우고 나면
이럭저럭 점심 무렵
손등 멀리 보이는 하늘인가
해 기울어 그늘 들어온다
으스라이 바람까지 마음도 추운 바람

오늘의 하루인지
일 년의 하루인지
짧다면 짧은 하루
이리 빨리 지나 갈 수가
무엇인가 허무한 마음 달력의 날짜 바라본다

그 홀아비

세상은 허물이고
허상이요
누가 나를 두고 흉을 보겠나
흉을 보았다면
그 사람 집에 가서도
이 나를 두고 흉이라 할까

취한 술에 신작로 바닥에서 혼자 하는 말
그 산등성이 넘나들며 혼자 부르는 노래
혼자 부르는 노래에 팔자 운명이 담겨 있고
주고 받는 혼잣말에는 사연이 담겨 있어
끝 무렵은 다 같은 처지 같은 운명일진데
누가 나를 흉을 보며 저기 저 가는 이 저니 좀 보라 할까

가난한 오후

언제부터인가
나이 주눅에 앞과 뒤가 새롭고
허공의 내일도 그리 먼 것 같지 않다
뒷날도 돌아보면 뭐 그리 해놓은 것도 없고

믿는 것은 건강 하나
있고 없고 잘나고 못나고 그것이 이제와 무슨 소용이 있나
황금이 있어도 나에게는 돌덩이요 잘났다고 나선들 모두가 허세다
날마다 보는 거울 이 나의 모습이 영원할까

돌아보니 달라져도 이리 달라질 수가
엊그제의 모습이 허리 꾸부정하니 얼굴도 그 모습이 아니다
내일도 오늘 처럼 오늘의 이 모습이 아니겠지
나이 얹어 끌고 가는 그 세월이 원망스럽다 그렇다고 안 끌려 갈 수도 없고

송년의 하늘

쓸쓸히 저무는 한 해
이 한 해가 저문다 하기 보다
잃어버린 그 시간이 저무는 것 같고
그 마음에 보는 허공의 이 한 해도 저물어 간다

한 해를 읽으며

늘 그래 왔었 듯
마지막 달 남은 한 달이면 지난 1년이 읽어지고
그 한 달에 남은 며칠은 첫 달의 처음이 읽어진다
나머지 달은 어렴풋이 날짜는 아예 기억도 없다
길었던 하루 한 달이 어느새 그 1년 지나면 다 그런 것인지
특별한 날은 안 그럴까 그날도 어렴풋이 희미해진다

이제 떠나는 해
나이 1살 던져 놓고 그렇게 가야 하는지
첫 날에 굵었던 날이 가느란히 과거에 묻히고
며칠 후 새해일까 기다림 반 근심의 반
무슨 사주 팔자에 좋은 날만 돌아 올까
무엇인지 모를 가는 해의 아쉬움 오는 해의 새해가 반갑
지 않다

회심의 송년

나이 얹어 보는 하늘
또 한 해가 가는구나
나뭇가지에 걸친 마음
구름이 거둬 가고

이 하루 저문 오후
한 해도 저무니
다음까지 저물면
어디로 가야 하나

꺾어 나는 기러기 떼
저 기러기는 알진데
바라보는 마음도 흐르는 구름도
저물녘의 하루 바람 불어 춥구나

송년의 꿈

한 묶에 보내는 1년의 마음
가는 1년 어디로 어디에 담아 갈까
쓸쓸한 한 나절 저녁이 되니 더 그렇고
저녁 바람의 그 한 묶 오늘 밤 꿈 기다린다

송년의 양지

점심 볕 따뜻하니
구름 흘러가고
바라보는 먼 하늘
그 옛날 흩어진다

뚜렸한 것 없이
흩어지는 그 옛날
나의 그림자 만큼이나
짧은 그날들일까

아니면 구름에 가려져
다 잃고 잊은 날일까
바라보는 구름마다
이그러져 멀어진다

밤이 그린 낮

끝
시간이 만들어
마지막이 다 되는 날
무엇인들 안 가고
아니 찾아 올까

인생은 안 그런가
어디에 와 어디를 바라보나
길고 짧은 사람의 마음
시간이 만드는 날
다 그렇게 될 것인데

송년의 나무

다음이 있는 너희들
구름 지나가면 구름 앉히고
잃은 날 버린 날 되돌아보지 마라

춘삼월 돌아오는 날
그때 되면 봄바람 불 것이니
움 트이면 트이는 움과 함께 돌아 보렴

저무는 하늘

떠나는 해의 마지막 날
달력의 오늘이 그날이고
내일은 맞이해야 할
새해의 첫날인가

하룻밤 사이 작년과 올해
이렇게 짧은 것이 시간인 것을
무엇 하다 다 보내야 했던 시간들인지
그저 무덤덤히 지나간 그 시간들

생활에 찌든 그 시간이었으니
무엇이 그리 아쉽고 새로울 것이 있겠나
큰 계획 없이 잃어버린 그 시간들
나이 빼어보고 또 더 얹어 보는 거울 안의 모습인가
주눅의 이 모습만 초라하기 그지 없다

새해의 소원

사람이 살지 않되
지구와 똑같은 별
그러한 별을 찾게 해주시옵소서

이 오늘도 내일도
어 가는 지구촌
처음으로 다시 돌려 주시옵소서

떠 오르는 태양도
어둠의 밝은 달도
모두가 바라보는 해와 달입니다

새해의 회고

어제 날의 작년도
이 새해의 첫날도
찾아 오고 가는 시간
무엇 하다 여기에 와
지난 날을 더듬어야 하는지

사람의 욕심일까
마음의 상심일까
안 보겠다는 거울 보며
나 지금 무엇 하고 있나
무엇이 보여 이리 깜짝 놀래야 하고

후회 속에 뉘우침
짧은 시간 긴 세월
이 모습 이 얼굴이 그 흔적일까
손으로 가려보는 그 짧은 세월
거울 흐려 놓은 입김 닦아 지난 날을 돌아본다

화롯불의 섣달

섣달이라 얼마 안 남은 이 섣달
곧 정월 초하루가 돌아올 것인데
이 추운 날 내 아이들 춥지나 않게 사는지
짝 못 지어줘 그저 죄가 되는 마음
그래도 저희들끼리 연애 걸어 잘 살고 있다 하니
무슨 낯으로 아이들을 볼까
이 에미 가슴에 묻은 죄 씻을 길 없구나

흉이라면 흉이 되고 이해 한다면 그럴 수밖에
이 때나 저 때나 무엇이 있어 큰 일을 치룰까
이 에미인들 가르치지 싫지 않았고
남과 같이 넉넉하니 이웃 보라는 듯이 짝 지어줄까
화롯불 뒤적뒤적 지난 세월 묻는 마음
그것들이 이해 해준다면 이제 그 세월을 알까
이웃의 넉넉함에 이 에미를 얼마나 원망 할까

찔레꽃에 속아온 이 집 그렇게나 빨리 떠날 것을
내 그것들 키우느라 아이들마다 가슴에 못 박아온 세월
그래 너희들 고생 많이 했다 건강하게 자라주었으니 고
맙고

그믐 되거들랑 떡 쌀이나 더 담그고
또 뭐 해야 하나 이제 귀찮고 몸이 말을 안 듣는구나
그믐 날 다들 내려올 것인데 장작불이나 넉넉히 집힐까
까치 짖음에 내다보는 문밖 저녁 나절 짖는 까치 쓸쓸하
구나

• 4부 •

사랑방의 선달

사랑방의 선달이라
누가 아는 고향의 그 시절인가
윗말 아랫말 바깥 어른들의 겨울을
날마다 모여도 나눌 이야기 많았고
슬픔과 기쁨이 오고 갔던 방
집집마다 그 근심 걱정 서로 나누지 않았나

막걸리 한 잔에 나누는 이야기들
아파 누워 계신 어머니 걱정
없는 묘 자리에 묘 자리 얻을 걱정
쌀 독에 쌀 떨어져 쌀 얻을 걱정
내년 농사 병작에 병작 논 더 얻을 걱정
애호박이 때 지나면 어떻게 되겠나

어른들 한숨에 저무는 선달
술 취한 머슴 한마디에 웃음도 나오고
망령의 어머니 바라보니 눈물이 가린다
앞 산에 쌓인 눈 저 하얀 눈 녹는 날
정월 지나 보름이면 저 눈이 녹을까
사랑방 집 어르신 쌀 한 말 퍼 들러 메어준다

섣달의 양지

응달의 하얀 눈도
빛 바랜 먼 옛날도
섣달의 양지에 녹아 내리고
지팡이로 그 바랜 날 이리저리 꿰맨다

저런 날에 이런 날
철새 찾아 울던 날
봄날에 찔레꽃은 안 피었겠나
앞 산 자락 보리밭 그 보리 나부꼈고

덥다 하는 여름날
가을은 없었을까
꿰매어 보는 버린 날에 잃은 날
많고 길 것 같은 날이 이리 짧을 수가

이것이 인생인가
찌그러진 몸이고
그래도 욕심에 바라보는 먼 산
저 응달 눈 녹는 봄 볼수나 있을는지

그믐의 편지

여보~
그믐이네
섣달 그믐
그믐이라 섣달 그믐
어느 그믐이 이 그믐과 같을까
이 그믐 지나 정월이면 또 한 살 얹는 나이
어느 때 보다 더 와 닿는 주눅의 그믐일까
이제 늙었나 봐 인생은 안 그럴까 인생도 그렇고
주마등 처럼 가물 가물 어떻게 하다 다 보낸 세월인지
처음이 만든 몇 십년 그 세월 다 잃어버렸어
우리 아이들 어떻게 키웠는지 그 시간들도 기억에 없고
단 하나 있는 기억 나무지게 내려놓고 연탄불 피우던 날
그 두꺼비집 비켜 놓고 바케스에 물 데우던 기억 하나만
또 뭐 있지 생각이 않나 여보
당신은 나보다 더 많은 기억이 있겠지
있거들랑 모두 잃어버려 주게나
미안하오 여보
미안하오

파도의 그믐

사람의 마음인가
파도의 시간인가
들어오고 나가는 물
그믐이어도 들어오고
썰물에 나가는 물
다음 물 때 약속 한다

툇마루에 들려오는
그믐의 파도 소리
천 만 번을 그렇게
잃고 얻은 것이 무엇인가
그 시간의 갈매기
다른 섬 찾는다

사랑의 그믐

바랜 그리움에 밀려오는 그날들
그날이 마치 오늘인 것 처럼
이리도 하얗게 밀려오는지
추억이라 하기에 너무 먼 옛날
둘만의 길 따라 찾았던 바다일까
기억에 없던 이야기까지 들려오는지

잊어도 잃어도 쓰라린 옛날
버린다 하면서 못 버린 어제인가
그리워 든 커피 잔에 무엇이 담겨있나
흔적은 간데 없고 그리움만 가득
그 아름다웠던 날에 행복 찾아
찾았던 바다 다시 가고 싶다

보고픈 별

밤하늘의 별 마중
저 많은 별 중에 나의 별이 있을까
찾아도 찾아도 찾을 수 없고
꿈에서나 보일까
꿈 속에도 없었다

숨은 것도 아닌데
얼마만큼 멀어 이렇게 안 보일까
은하수 저곳에도 보이지 않고
보고 싶어 찾는 밤
어느 별이 내 별일까

화롯불의 선달

화롯불 앞 선달이라
기우는 이 선달 며칠 있어 그믐일까
삼월도 유월도 단풍의 그 가을도
때 되면 이렇게 하얀 눈으로 덮혀야 하는 것인지

바람도 시렵게 문풍지 울리니
어디 문풍지만 울겠나 그 세월도 그렇고
앞 산 응달녘에 하얀 눈 그런 하얀 날
철새 찾아와 그렇게 울어대더니

나 여기에 데려오느라 그랬나
피는 꽃의 그 세월 다 어디 갔나
빠진 니에 흰 머리 누가 보고 아니다 할까
석삼년의 그 내일이 길기만 했었는데

이제는 이것도 저것도 늙은 몸의 욕심인지라
생각 나는 것마다 옛날을 찾는지
식어 가는 화롯불 앞 저무는 저녁 나절
누가 오고 안 오고 나 찾는 이 누구요

사랑의 노을

바라보는 저 노을
그리 아름다웠었는데
약속의 노을이었고
무엇인가 묶어 놓을 듯
띠 구름 들어오던 날
묶지 않는 구름
그 노을에만 젖어 드는지

이제는 먼 노을
꺼내기에 너무 먼 노을
띠 구름이 묶는다면
이 그리움도 묶여질까
미웠던 날에 그 행복
다시 찾고 싶어라
사랑의 노을 그 노을 위해

운명의 늪

하나밖에 없고
한 번밖에 없는 세상
무엇 하며 살고 어떻게 살았는지
그저 길기만 했던 세월이 이렇게 짧을 수가
욕심에 얹는 세월 더 길을 수는 없는지

길어도 그 운명
더 어느 길이 놓일까
알면서 접는 손마디에 부끄럽고
눈에 넣고 담은 소리 욕심이 끌고 어디로 가나
마음 속에 넣은 욕심 가엾기만 하구나

비 오는 선달

아직은 먼 봄
산 너머에 있는데
선달 그믐에 내리는 비
이 비를 어떻게 하나
풍년의 슬픔인가
흉년의 기쁨인가

보리밭 밀밭
다 얼어붙고
과수원의 나뭇가지
잠에서 깨어난다
눈 올 때 눈 오고
비 내릴 때 비 내려야 함을

한숨에 보는 하늘
흉년 될까 걱정 되고
걱정거리 또 하나
보릿고개 더 길어질까
반갑지 않은 선달 그믐의 비
정월 초하루 다음날
보리밭 밟으라 일러준다

잃어버린 설

눈 내려 하얀 세상
그런 하얀 설이었는데
몇 날 며칠씩 기다렸던 설이었고
먹고 싶던 흰 가래떡에
조청 엿 강정 다식
뻥튀기는 없었나 뻥튀기도 튀겼고

옷 양말도 새것으로 갈아 신고
아껴 두었던 신발도 새것으로
세배 돈 얻으려 세배도 다녔었는데
뻥튀기 한 줌 쥐고 동네 한 바퀴
옷 자랑 신발 자랑 언제 해볼까
이웃 친구에게 내 옷 만져 봐라

썰매 타는 재미 누가 빨리 달리나
살얼음 깨어져 물에 빠졌었고
성냥 딱지 비벼가며 겨우 피운 모닥불
그 모닥불 얼마나 따뜻했나
옷 양말 태웠다 부지갱이 춤추던 날
초가의 그 하얀 설 까치에게 그려준다

보릿고개의 설

피어오르는 저녁연기
그믐의 그 저녁연기에서
부족함을 배웠고

담 넘어온 이웃 웃음
이웃 식구의 그 웃음에서
넉넉함을 배웠다

문 닫힌 저녁의 아궁이
두드리는 부지갱이
그 부지갱이만 태웠겠나

부끄러운 초하루 어떻게 하나
부족함 넉넉함이 오고 갔던 설
초하루의 늦은 먼동 아침 연기도 늦었다

테두리의 슬픔

살기 위해 견디고 참아야 할 테두리
놓인 운명의 테두리는 하나였어도
그 삶에 테두리는 여러개였었다
이런 테두리 저런 테두리
바꾸어 보았던 그런 테두리

스쳐간 인연 또한 얼마나 많었나
그 인연이 힘들어 못 견뎠던 테두리
벗어날까 못 벗어날까
이제는 모두 벗어나니 더 벗을 테두리 없고
있어본들 그 테두리 내일이 짧다

하얀 설

그리움에서나 만나는
멀기만한 하얀 설
초가의 하얀 설
그런 설이었는데
집집마다 아침 연기
담 넘어온 기름 내음
솥뚜껑 여닫는 소리에
먹을 것 기다렸던 설
양지녘에 아이들 뛰어노는 소리
말 다툼은 안 했나
창호지 문틈으로 우는 소리까지 들렸고
굴뚝 모퉁이의 닭장 안 수탉 우는 소리
닭들이 뭐 알겠나
모이 끼얹으면 그것으로 그만
다 쪼아 먹으며 횃대에 올랐고
설날 아침 문간의 누렁이 개
무엇이라도 줄까 기다렸던 설
웅크린 누렁이 무엇이라도 얻어 먹었나
소나무 가지에 눈 소복이 쌓인 눈
그러는 장독대 지붕 위는 안 쌓였을까

앞 뒷산 이리 저리 눈 쌓인 하얀 설
멧갓 바라보는 할아버지의 마음일까
바라보는 들녘의 쌓인 눈에 눈 희었고
즐거운 설날 아침 깊은 마음의 할아버지
까치 울음에 어머니 외갓집 식구 기다렸다

인생의 그믐

아침의 이슬 처럼
어머니 품 안의 어린 시절도 있었고
오전 나절 양지 음지
그런 젊음의 청춘도 있었다
점심 나절 지나가니
머리 위의 그 해가 제자리에 있을까
그림자에서 배우고
기우는 해 보며 깨닫는 인생
누구의 하루였고 모아진 시간인가

타향의 설

날마다 그믐의 마음
누가 아는 그 마음이고
맞이 해야 할 설인가
한 잔 술에 담긴 고향
눈시울에 노을진다

보리밭에 숨은 동무들
모두 모두 다 잘 있고
짧은 그날 긴 옛날
성황당 길 우리 동네
달라진 것은 없는지

마음 굳혀 떠나온 날
다시 본 나의 고향
십 년 하고도 서너 해
고드름에 매달리니
마지막 뒷산 길 오늘도 저문다

허공의 양지

저 허공에 아무 것도
날으는 새 한 마리 눈에서 멀어지고
거미줄 마음 구름이 걸어 간다

걸어 가는 이 마음
저 먼 산 꼭데기에 걸쳐 주었으면
산 넘으면 그마저 안 보일 것인데

걸어 가면 어느 곳에
늘려가는 이 마음 어디에 걸쳐 줄까
바라보는 허공 마음만 하얗다

이웃 동생

코흘리게의 이웃 동생들
온 동네 누볐던 이웃 동생들
산으로 냇가로
안 다닌 곳이 어디에 있겠나
바구니 든 계집아이들
나물 케느라 들녘을 누볐고

아지랑이 가물 가물
보리밭에 피어오르면
논우렁 잡는 형아들
논물 속 들여다 보며 조용히 쉿
단발머리에 울보쟁이
지금쯤 지는 꽃 보름달에 숨었겠지

고향 집

초가의 그 옛날
나 자란 고향 집
기울고 허물어지고
양지녘에 병아리
닭 알 짓는 소리
봄이면 울타리 밖
그 하얀 찔레꽃이던가

희끗희끗 사금팔이
여기 저기 널려 있고
우물둥치에 낙엽 우수수
항아리 엎은 우리 굴뚝
저녁이면 하얀 연기
집 안으로 깔렸었고
키 재기 긴 고드름 눈물 흘렸지

깊은 설

즐거운 설날
만남의 설날

기쁨과 슬픔이 넘나들었던 날
가난과 넉넉함의 그 교훈인가

되돌아보는 이 깊은 마음
어제도 멀고 내일도 멀다

숨어 우는 별

초판 1쇄 발행 2023년 8월 14일

지은이 이원문

펴낸이 임병천
펴낸곳 책나무출판사
출판신고 2004년 4월 22일 (제318-00034)

주소 서울시 영등포구 신길3동 325-70 3F
전화 02-338-1228 **팩스** 0505-866-8254
홈페이지 www.booktree.info

ISBN 978-89-6339-727-6 03810